맛있는 어린이 인문학 7

쌀

프랑수와즈 로랑 글 | 니콜라 구니 그림 | 허보미 옮김

내인생의책

찌게, 김치, 고기, 생선, 나물.
어떤 반찬과도 어울리는 쌀은
우리 식탁에서 빠질 수 없는 곡물이에요.
갓 지은 밥 한 그릇!
생각만 해도 절로 군침이 흐르네요.
어디 밥뿐인가요?
잔칫상에 오르는 떡 역시 쌀로 만들지요.
쌀로 만든 과자도 한 번쯤 본 적이 있을 거예요.
그런데 이 쌀은 어떤 과정을 거쳐 우리 식탁에 오를까요?

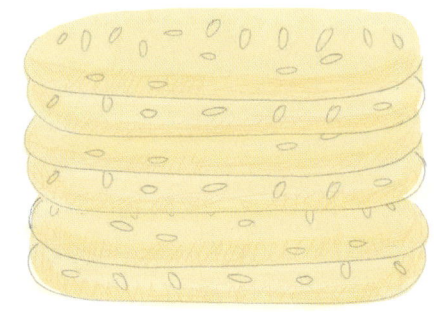

찰랑찰랑, 너른 벌판에 물이 들어옵니다.
자세히 보면 황금빛 식물이 줄을 맞춰 익어 가고 있어요.
황금빛 식물, 그러니까 벼를 재배하는 이곳을 논이라고 부릅니다.
벼는 나무가 아니에요. 볏과의 한해살이풀이지요.
그러니 쌀나무라는 말은 틀린 말이에요.
벼에 달린 벼이삭을 탈곡하면 우리가 잘 아는 쌀 알갱이가 나옵니다.
벼를 경작하려면 물이 많이 필요해요.
쌀이 주로 아시아 대륙에서 생산되는 것은 그 때문이지요.
몬순기후대인 아시아는 다른 대륙보다 비가 많이 내리거든요!
중국, 베트남, 인도, 태국, 일본 그리고 우리나라도 몬순기후대이지요.

농부 아저씨의 고마움을 생각해 본 적이 있나요?
옛날, 쌀을 수확하는 과정은 고생의 연속이었지요.
먼저 못자리에 볍씨를 뿌려 싹을 틔워야 합니다.
그리고 물을 가둬두기 위해
비탈진 언덕에 계단식 논을 만들어요.
그 뒤 소를 몰아 논갈이를 한 뒤 논에 물을 채웁니다.
그다음에는 어느 정도 자란 모를 못자리에서 논으로 옮겨 심어요.
한 묶음, 한 묶음, 줄 맞춰 손으로 심는 일은 쉬운 일이 아니지요.

어느덧 시간이 흘러 벼가 무럭무럭 자라납니다.
이제 수확의 시간이지요!
농부가 낫을 들고 다 자란 벼를 베어냅니다.
수확이 끝나면, 농부는 한숨 돌리고 쉴까요?
아뇨! 이제 탈곡을 해야 합니다.
탈곡은 벼이삭에서 쌀이 든 낟알을 떼어내는 과정입니다.
벼를 햇볕에 말린 뒤
발로 밟아서 떼어내는 거죠.
우리나라에서는 도리깨로 두들기기도 합니다.
그래서 탈곡을 타작이라고도 불러요!
농업이 현대화되기 이전 우리 조상들은
이런 식으로 쌀을 상 위에 올렸었지요.

요즘은 산이 아닌 평지에서 벼를 재배합니다.
물을 가두기 위해 계단식 논을 만들 필요도 없지요.
저수지나 강에 있는 물을 끌어 논에 댑니다.
이렇게 인공적으로 물을 대는 방식을 '관개'라고 부르지요.
한 사람이 경작하는 논도 더 넓어졌어요.
농사도 사람의 손으로 하기보다는 기계의 힘을 빌립니다.
기계를 사는 비용이 들긴 하지만
더 많은 수확을 할 수 있으니 오히려 이롭지요!

요즘은 모내기를 하지 않는 벼농사를 짓기도 합니다.
모내기를 하는 벼농사 방법을 이앙법,
모내기를 하지 않는 벼농사 방법을 직파법이라고 해요.
직파법은 원래 이앙법보다 더 오래된 방법이었답니다.
현대 기술의 힘을 빌려 이앙법보다 더 편한 방법이 된 것이죠.
봄이 되면 비료를 뿌려 논을 비옥하게 만듭니다.
그런 뒤 바둑판무늬의 작은 도랑을 파지요.
마지막으로 논에 물을 넣는 거죠.
이 논에 볍씨를 뿌리고
자라면 콤바인으로 벼를 베어냅니다.
콤바인은 수확과 동시에 탈곡까지 해내요!
어때요, 정말 좋죠?

쌀은 아시아에서만 재배하느냐고요?
아니에요!
많은 나라에서 관개 기술을 사용해 쌀을 재배한답니다.
프랑스의 카마르그 습지에서는 론 강의 물을 끌어다 농사를 짓습니다.
미국에서는 논이 워낙 넓어 비행기를 타고 씨를 뿌리기도 한대요!

수확한 벼는 어떻게 처리할까요?
부릉부릉!
트럭에 실어 공장으로 나르지요.
탈곡을 마친 쌀은
까끌까끌한 겉껍질로 덮여 있어요.
그래서 두 고무 롤러 사이에 낟알을 넣어 껍질을 벗겨주어야 하죠.
그렇게 얻은 쌀을 현미라고 하지요.
현미에는 쌀겨가 남아 있어 쌀알에 갈색빛이 돌지요.
영양은 풍부하지만 맛은 조금 덜해요.

많은 사람들이 현미보다는 하얀 쌀(백미)을 더 즐겨 먹어요!
그래서 기업들은 쌀을 문질러 쌀겨를 제거한 하얀 쌀을 생산합니다.
하지만 쌀겨를 제거한 쌀은 비타민과 미네랄이 부족해요.
정말 안타까운 일이죠!

쌀의 영양을 강화한 '강화미'라는 것도 있어요!
비타민을 함유한 물에 담갔다가 증기로 찐 뒤
건조시킨 쌀이랍니다!
백미보다는 맛이 떨어지지요. 쌀에 끈기도 적은 편이고요.

현미로 밥을 짓는 데는 약 50분 정도 걸려요.
백미나 강화미는 20분이 걸리고요.
밥 짓는 향기를 맡으며 기다리겠다고요?

물론 그것도 좋지요.
하지만 바쁜 사람들을 위한 즉석밥도 있답니다.
익혀 놓은 쌀을 포장했기 때문에
끓는 물에 10분 정도 데우면 먹을 수 있어요.
편리해 보인다고요?
그래도 직접 지은 구수한 밥을 따라갈 수는 없겠지요.

하나, 둘, 셋, 넷, 휴우!
쌀의 품종은 전 세계적으로 2천 종이 넘어요.
태국의 자스민 라이스나 인도의 바스마티처럼
알갱이가 길쭉한 쌀도 있고요.
이탈리아의 아르보리오처럼 중간 크기인 쌀도,
이탈리아의 셀레니오처럼 동글동글한 쌀도 있답니다.
미국과 캐나다는 와일드 라이스가,
중국은 검은 쌀인 흑미가 유명하지요.
프랑스 카마르그 습지와 아프리카에서는 붉은 쌀인 홍미를 기릅니다.
태국의 찹쌀도 빼놓을 수 없지요!

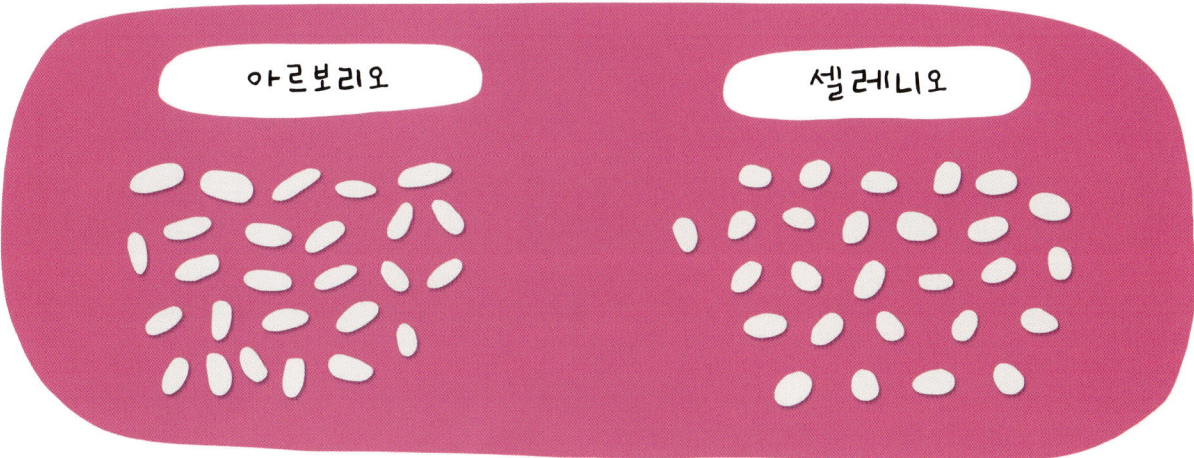

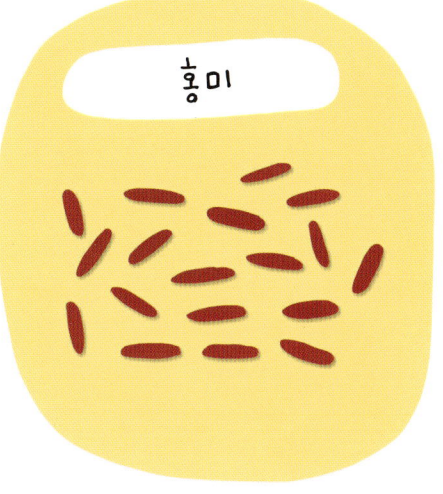

쌀은 안심하고 먹을 수 있는 식품일까요?
네, 대부분은요.

하지만 어떤 농부들은
논을 비옥하게 만들기 위해 화학비료를 사용하고,
잡초를 제거하기 위해 제초제를 사용하기도 합니다.
벌레를 없애기 위해 살충제를 뿌리기도 하죠.
하지만 벌레가 못 먹는 쌀을 우리가 먹어도 될까요?

전 세계 사람 중 절반이 쌀을 즐겨 먹어요.
많은 사람들이 쌀의 품종을 개량하려고 연구합니다.
병충해에 강하거나 영양이 풍부한 품종을 개발해 내면
큰돈을 벌 수 있으니까요.

개중에는 유전자 조작이라는 방법으로
품종을 개량하는 사람들도 있어요.
연구 기간도 짧고, 효과도 강력하니까요.
농부가 기업을 통해 얻는 씨앗 중에는 '유전자 조작' 작물이 많습니다.
기업은 병충해와 가뭄에 강하고 수확량이 많다는 장점을 내세우지요.
하지만 유전자 조작 작물의 안정성은 여전히 논란에 싸여 있어요.

나비와 벌이 이 꽃 저 꽃을 찾아다니며 꽃가루를 옮깁니다.
만약, 나비와 벌이 유전자 조작 작물의 꽃가루를
작물이 아니라 잡초에게 옮겨버린다면 어떤 일이 생길까요?
예를 들어, 제초제에 강한 내성을 지닌 유전자 조작 작물의 특성을 빼닮은
잡초가 생겨나면 생태계의 교란이 일어나지요.

유전자 조작 작물은 큰 기업이 만듭니다. 그리고 특허권 보호를 받아요.
농부는 논에 볍씨를 뿌릴 때마다 기업에 특허 비용을 지불해야 합니다.
게다가 그 볍씨에 맞춰 만든 비료와 제초제도 함께 구입해야 하죠.

그러면 모든 쌀이 건강에 나쁜 걸까요?
절대 그렇지 않아요!
'유기농' 쌀이란 것이 있거든요.
유전자 조작 작물이 아니고 경작할 때 화학비료도 쓰지 않은 쌀이지요.
대신 유기질 비료를 사용합니다.
지렁이를 사용해 논을 기름지게 하고
논우렁이나 오리를 사용해 잡초를 제거한답니다. 물론 손으로 뽑기도 하죠!
동시에 여러 작물을 함께 재배해서,
한 종류의 작물만 재배할 때보다 더 손쉽게 기생충을 예방하기도 합니다.
유기농 쌀은 소비자만이 아니라 생산자에게도 좋은 쌀이라고 할 수 있어요!

혹시 '공정무역' 쌀이란 말을 들어보셨나요?
공정무역 쌀은 유기농으로 재배한 쌀입니다.
하지만 그것이 전부는 아니에요.
영세한 생산자(가난한 농부)에게
정당한 가격을 주고 구매한 쌀이 공정무역 쌀입니다.
생산자와 소비자 모두에게 좋은 쌀이죠.
물론 지구 환경에도 좋은 쌀이겠죠?

쌀에는 에너지를 만드는 당질이 풍부해요.
반면 지방 함유량은 적지요.
또 비타민과 무기질이 많이 들어 있어요.
특히 현미 속에 이 성분이 많답니다.

쌀은 품종별로 다양한 종류의 맛있는 요리를 해먹을 수 있어요.
바스마티 쌀은 카레를 만들어 먹으면 참 좋아요.
아르보리아 쌀은 리조토를 만드는 데 제격이고요.
프랑스 카마르그에서 재배된 쌀과 흑미를 섞으면 샐러드를 만들어 먹을 수도 있지요.

소비자는 제품에 붙은 라벨을 보고 쌀의 종류를 확인해요.
현미인지 백미인지 확인하고요,
쌀알 모양이 동그란지, 길쭉한지도 정도별로 알 수 있어요.
또한 물에 담갔다 쪄서 말린 강화미인지,
즉석밥인지도 확인할 수 있지요.

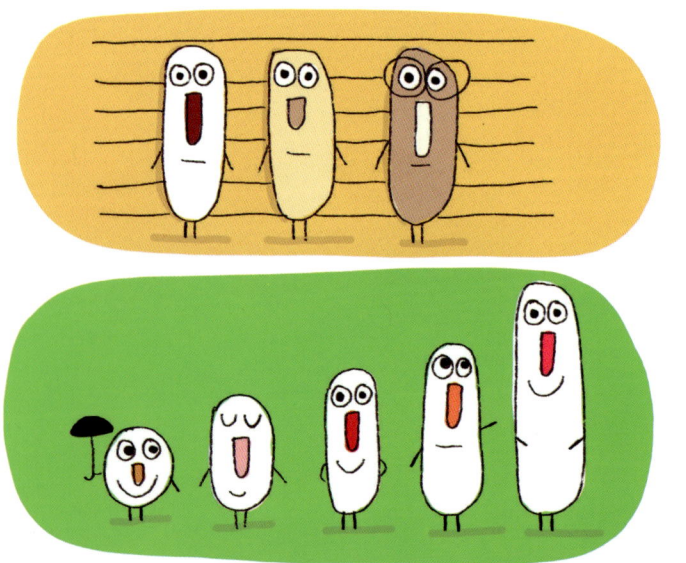

공장에서 쌀을 처리하는 동안 쌀알이 잘 부서져요.
'고품질 쌀'은 부서진 쌀의 함유량이 5% 이하라는 의미에요.
그냥 '쌀'이라고만 적힌 제품은 15% 이하고요.
'저품질 쌀'이라고 적힌 제품은 심한 경우 부서진 쌀알이 50%나 들어 있지요.

AB(유기농법) 마크는 농약이나 화학비료를 사용하지 않고 재배한 작물임을 인증해 주는 마크입니다.
물론 유전자를 변형해서 키운 작물이 아니라는 사실도 확인해 주지요.

공정무역 인증마크가 붙은 제품에는 세 가지 사회적 가치가 있어요. 생산자에게는 정당한 가격을 보장해 주고, 노동자에게 강제로 일을 시키지 않으며, 어린이를 착취해서 생산한 제품이 아니라는 뜻이지요.

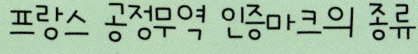

프랑스 공정무역 인증마크의 종류

에티카블

F.L.O.

알테르 에코

솔리다르 몽드

비오 에키타블

맛있는 어린이 인문학 시리즈

자연의 품에서 자라 우리 식탁에 오르는 다양한 먹거리들
어디서 왔는지, 어떤 과정을 거쳤는지
어떻게 하면 더욱 건강하게 즐길 수 있는지 어린이와 함께 생각합니다.

❶ **설탕**　　미셸 프란체스코니 글 | 니콜라 구니 그림

❷ **우유**　　프랑수와즈 로랑 글 | 니콜라 구니 그림

❸ **달걀**　　필립 시몽 글 | 니콜라 구니 그림

❹ **빵**　　　프랑수와즈 로랑 글 | 니콜라 구니 그림

❺ **사과**　　안느-클레르 레베크 글 | 니콜라 구니 그림

❻ **꿀**　　　프랑수와즈 로랑 글 | 니콜라 구니 그림

❼ **쌀**　　　프랑수와즈 로랑 글 | 니콜라 구니 그림

❽ **토마토**　미셸 프란체스코니 글 | 니콜라 구니 그림

❾ **감자**　　상드린 뒤마 로이 글 | 니콜라 구니 그림

〈맛있는 어린이 인문학〉은 계속 출간됩니다.